ようこそ奈良へ

この世のすべてのいのちの源をたずねて

鈴木紘一

ようこそ　奈良へ

この世のすべてのいのちの源をたずねて

目次

ようこそ奈良へ

大宇宙を創造された神が、その後、太陽を配し、月を配し、
地球を、得も不思議な水の満たされた星として創り、
この地球上にすべての《いのち》を創造されたという。

この奈良には、地球上で、ただ一つ、この世を創造された神が、
その後、全ての《いのち》を創造された（産み下ろされた）場所・

親里《ぢば》がある。（神直々のお言葉・神言集おふでさきによる）

一、この世の自然の営みは、全て、親なる神の不思議なはたらき

私達を始め、世界中の人々は、皆、宇宙があること、宇宙には沢山の星があること、太陽が燃え続け、地球が、太陽の周りを、定まった距離を保ちつつ、一定の速度で回っていること、そして、月が地球の周りを定められた軌道を以て、回っていること、地球には、多くの生命で満たされ、生命の営みが絶え間なく、自然に続けられていること、このこと全てが、当然、自然、当たり前と思って、暮らし続けて来ました。

しかし、よく考えてみると、これこそ全て、まことに不思議なことばかりであります。

一度見方を変えて、もし、太陽が、月が、一寸お休みして、今日は太陽の出ない日、月のまわらない日が、一日否、一時《いっとき》でもあると仮定してみてください。この地球上は、大パニックになるどころか、全ての生きとし生ける物が、その《いのち》を失ってしまうことにもなりかねません。

そのことを思うとき、これは、誰かが大きな力で、何らかの目的を持って、壮大な計画を立て、一つ一つを着実に創り上げ、その働きを休むことなく行っている結果ではないかと考えてみてください。そんなことと思う方も居られましょうが、これが世にいう神業《かみわざ》であり、このことが、じつは真実まことのお話だったのであります。

二、この世を創り、人間をはじめ、《いのち》全てを創った神の宣言

「この世が創られてより過去にも現在も、この世と人間を創造した神のこころを理解しているものは誰もいない。そのはずや、この世とすべての《いのち》を創造してから今迄に、神直々に話を聞かしたことはない。人間がなにも知らぬのは、決して無理ではない。

この度は、神が初めて直接この世のおもてにあらわれて、《にんげん》のことばを使って、神がこの世を創り、すべての《いのち》を創造した目的、今のような世界になるまでの道筋と変わることのない神の働き、更に、神の望む人間の生き方、全ての人間の心の使

い方と生き方を、説いて聞かせる。」《親神天理王の命・直々の言葉》

これは、この世界を創造し、この世界に、人類はもとより全ての《いのち》を産みだし、その計画通りにながい、ながい年月をかけてはぐくみ育て、この世が続く限り、守り育てて下さる真実の親なる神が、この世の生きとし生きるものすべてに、大いなる恵みを与えつつ、生きて働いて下さっていたのであります。この度、この神が《いのち》創造のときの母親の役割をつとめた魂を持つ、中山みきとの約束の時がきたので、改めて、その《中山みき》に入り込んで、この世に直接現れたのでした。

この神がおられて、この世に大きくは、宇宙を創り、極小さいバクテリアに至るまでの全ての《いのち》を創造され、今も将来も変わることなく目的達成の日を目指して、根気よくその働きを続けると宣言されて、この度、定められた時が来て、自ずからの名前を、《親神天理王の命》と明かし、子供である世界中の人々を、一人も余さず救けたい（幸せにしたい）と、全ての《いのち》の母、中山みきに、《天理王の命》自らが入り込まれて、人間世界で初めて、その口（言葉）を使って直接、お話をされたのであります。

中山みきは、この世の《いのち》創造の時の母親として、《天理王の命》が創造されたまことの母・いざなみの命の魂をもった人間として、生まれでられた【ひと】であるという。（親神の神言による）

定められた時とは、この世の《いのち》創造の時、親神と母親、いざなみの命と約束された時であるという。（親神の神言による）

この《天理王の命》が、この世界を創造されてから、一分一秒の狂い、一ミリの狂い無く、働いてくださっているお蔭で、今の世界《この世》があり、未来の世界が有る。《未来の世界》も、又、《この世》である、と教えられた。

三、神がこの世と《いのち》を創造された目的

◎この世《にんげん》創造に着手するとき、神は、味気ない世界を見渡して、《にんげん》というものを創り、全ての《にんげん》が、お互いに立て合い、助け合い、陽気で、幸せな暮らしが出来、それを見て、神も共に喜び、楽しみ、人間もまた、創造主の神に感謝を奉げて、共に喜び、共に楽しむ世界を創ろうと思われたという。

◎神がこの世・人間を創った最終の目的は、神《しん》・人和楽《じんわらく》の世界の建設である。そして、それは、《陽気暮らし世界》であると教えた。

その世界とは

イ、天災・災害の無い世界（地震・大風・水害等がない）

ロ、病気・病難の無い世界（こころも健康・身体も健康）

ハ、世界中全ての産業（農業・漁業・林業）は、いつも豊作。

以上のような世界をつくるには、この世の創造主の神を知り、神を敬い、子供である人間同士が、互《たが》い立《た》て合《あ》い助《たす》け合《あ》って、天からの与え物を大切に暮らすことである、と教えた。

◎《にんげん》がものを言いはじめ、文字を書く智恵を授けられ、今のかたちの《にんげん》にまで成長した時、多くの人が、考えたことは、

イ、『人間は誰によって、どこで産み出されたのであるか。』

このことは、世界中の宗教の教祖・始祖と言われる方々にも、創造主の《天理王の命》が、未だその時期が来ていないという理由で、教えていなかった事柄であるという。この度、はじめてその時がきたので、《いのち》を創造した場所において、直接《天理王の命》が、全ての真実を、《にんげん》の言葉で、この世の全てのわが子《にんげん》にむかって教えられた。

ロ、つぎに『人間は、何をするためにこの世に産まれて来たか、

この身体を返した後（死後）はどこへ行くのか。』

これも又世界の宗教者及び哲学者の永遠《えいえん》の命題《めいだい》でありました。

これに対して、《天理王の命》が教えられたお話は次の通りです。

『にんげんは・はたらくために、この世に産まれてきたのである。』

はたらくとは、はたはた（傍にいる他の人々）を、楽さすことである。人間は、互いに助け合いをする為にこの世に産まれてきたのである、と教えられた。

《にんげん》はこの身を返したら、魂は生き通して、天の神の懐に抱かれて、又、この世に産まれかわってくる。そして、親が子となり、子が親となって、育てられたり、育てたりを繰り返すのであると。

四、この世と人間創造の道筋

まず、親神天理王の命は、ビッグバンによって、宇宙を創造され、次に銀河系宇宙、その中に、太陽系宇宙を創造された。この地球を、不思議にも、たっぷり水をたたえた水と泥の星として創られた。この地球が、氷の星にならぬよう、砂漠の星にならぬよう、水と泥の世界を、オゾン層という不思議な層で覆い包み、太陽と地球の距離を定められ、月を配し、その水が腐ってしまわぬよう、その距離を定められた。

太陽と地球の距離は一億四九六〇万キロメートル（光の速さで八分十九秒）地球と月の距離は三八万四四〇〇キロメートルという。

その後、親神理王の命は、天の動きの法則を創り、地球という星、この世に《いのち》を創造され、その双方を繋ぐという法則を創られた。《日（ひ）と水とは一の神、風よりほかに神はない。》

一、神自らは天にては太陽、この世と《いのち》全ての、温みの恵み。ひ（日、火、陽）の恵《めぐ》みは、太陽とそこから発する光と熱のめぐみ、更には、地球の地熱、火、生き物それぞれの体温に迄およぶ。

二、神自らは、天にては月、この世と《いのち》全ての、水分の恵み、水の恵みは月の恵み、この世の水の働きとその恵みのすべて。人体及び生きもの全てに必要不可欠な、水分とその役割と働き。

更に神は、この世に、次のような働きと仕組みを創造された。

①地球の地表、動物の筋肉・皮膚・次の生命をうみだすための、生殖時の女性機能、子供を胎内に宿し、産み育てる全ての働き。

②地球の地殻、動物・植物の骨格全て、次の生命を生み出すための生殖時の男性機能の全ての働き。

③自然界では、水は水蒸気となって天空に上り、雨・雪・あられとなって地上に降り注ぐ。動・植物の消化吸収機能全て。

④自然界の風、動物の呼吸機能、植物の光合成の働き。風の恵みは、生き物に不可欠な息吹、ひ（日、火、陽）と水の調和の働き、動物の呼吸機能一切、植物の光合成作用一切。

⑤成長する、伸びる、大きくなる働き、生命が生まれ出るとき、親の胎内から子を引き出す働き、産まれた子が、成長、生育する働き。

⑥切る、止まる、切り替えるという働き、産まれるとき、親から子を新しい《いのち》として、切りはなす。この身体を返す時、息を止めて、その《いのち》の動きすべてを止める働き。動物・植物の成長を定められた大きさで止める働き。

⑦雄・男性としての働き（子供を、女性に、宿し込み、子供が一人前になるまでの育て役）植物のオシベ。

⑧雌・女性としての働き（子供を胎内に宿し、産み、子供が一人前になるまでの育て役）植物のメシベ。

の八通りである。

次に、神は、この役割を使って、次の《いのち》を、産み出す法を、元の父親（いざなぎのみこと）元の母親（いざなみのみこと）に教えて、三回に亘り、約三百年の歳月をかけて、現在地球上《この世》にある《いのち》全てを、神自らも、働きを手救けして、産み出された。
◎人間を始め、この世の中のいのちは全て、天理王の命の絶え間ない働きにより、この世に一粒の《いのち》（たましい）として創造されたその時から、各々の《いのち》は、生き通しの魂であり、子供は、父親・母親の間から、この世に生まれ出る。そして、成長をし、定められた時を経て、この身を返す、この身を返した後は、天の神のふところに抱かれて、また、新しい身体を借りて、この世に、生まれかわって来る。先ほども述べたように親が子となり、子が親となって、育てたり、育てられたりして恩の報じあいをしているのであると教えられた。人間は、人間となるまでに、一粒の命から始まり、虫、鳥、畜類八千八度（数え切れない程の）生まれ変わりを経て、人間になったと教えられた。

《いのち》創造の時、生まれ出た《いのち》は現在、全てに生き物が持つDNA（遺伝子）（アテニンA、チミンT、グアニンG、シトシンCと糖S、リン酸Pの結合した物質）をもった小さな《いのち》だったという。

現在、人間一人は六十兆個の細胞《いのち》の集合体であるという。その細胞一つ一つに遺伝子が組み込まれている。そして、その遺伝子一つ一つには、それぞれ三〇億個という莫大な情報が組みこまれているという。

以上　『生命の暗号』筑波大学名誉教授・村上和雄博士著より

更に、一人の人間は、千兆個のバクテリアによって守られているという。また、人間の脳は五十年かけてゆっくり生成してゆくもの。五十年経て後はゆっくり衰えてゆくが、年齢と共に、充実してゆく能力を、与えられているという。

また、脳は七十歳を超えても、細胞が発達し、増殖し、指運動によって、海馬（記憶の神経細胞）をふやすのであるという。

浜松医科大学教授・高田昭和先生の話

（NHKラジオ・H20・11・9）

◎親神天理王之命の神言・おふでさきに

月日にわせかいじゅうをみわたせど
もとはじまりをしりたものなし

このもとをどうぞせかいにおしえたい
そこで月日があらわれてでた

どろうみの中よりしゅごうおしえかけ
それがだんだんさかんなるぞや

月日よりだんだん心つくしきり
そのうえなるのにんげんである

このようのぢいと天とはじつのおや
それよりでけたにんげんである

にんげんをはじめたおやがもいちにん
どこにいるならたづねいてみよ

高山にそだつる木　谷底に
そだつ木もみなおなじこと

世界中一れつはみなきょうだいや
他人というはさらにないぞや

このようのしんじつの神月日なり
人間は皆月日かしもの

人間は皆々神のかしものや
なんとおもうてつこているやら

五、神が創られた世界（この世）と
人間を初め、《いのち》すべては、繋がり合っている

◎《天理王の命》は、変わらぬ親心と恵みを以て、今も、又未来も、この世が続く限り、絶え間なく御働き下さり、御守護下さる神であります。

この神の変わりない働きとは

＊『天理王の命』という神はこの世に、天の恵み、地の恵み、ひ（日・火）の恵み、水の恵み、空気の恵みを与えられ、その微妙な調和を行い、地球上に、人間いく十億人居ろうとも、その人々に、一人も余す事なく、一分一秒の休みもなく、命ある限り、直

接体内に入り込んで、温度調節、水分調節、呼吸調節とその調和をし続けられている神、全世界の《にんげんすべて》をかわいいわが子という、親の心を持って永遠にはたらいて下さる神であります。

肌の色、言葉、習慣、宗教、イデオロギーの違いを超えて、全ての人間はかわいいわが子である。親として、全ての人々に幸せになってほしい心一杯の親なる神であります。

六、この世のいのち全てを創造し（産みおろした）場所は《ぢば》

◎又、にんげんを始めとする全ての命は、何処で生まれたのであるかという問いに対して、神言・おふでさきに

にんげんをはじめだしたるやしきなり
そのいんねんであまくだりたで

このよをはじめだしたるやしきなり
にんげんはじめもとのおやなり

そのとこでせかいじゅうのにんげんわ
みなそのぢばではじめかけたで

にんげんをはじめかけたるしょうこふに

かんろだいをすえておくぞや

かんろだいすえるところをしいかりと
ぢばのところをこころつもりを

これさいかたしかさだめておいたなら
どんなことでもあぶなきはない

このだいがみなそろいさえしたならば
どんなことおがかなはんでなし

明治八年陰暦五月二十六日、親神天理王の命は、この世を創造して以来、世界中の人々に向かって、初めて《ぢば》を教えられ、人間の生まれ故郷である証拠として、《甘露台》の建設を宣言した。

神が教えた、この聖地・《ぢば・かんろだい》は、世界中、どこを探しても無い、世界中の、全ての《いのち》が、創造された（産み出された）という、元の聖なる場所であり、世界中の人々の生まれ故郷なのであります。

この《聖地・ぢば》は、親なる神・天理王の命が、お鎮り下さるところであり、ここから世界中へ、神の使い（天使・その他として）を派遣された、親神天理王の命のおられる場所であります。

このぢばには、元の親なる神が居られ、世界中の子供である人間が、幸せになれるように、日夜万遍無く、また全ての人々に、余すことなく、大きいことも、また小さいこと迄も、恵みを与えつつ働いておられる中心のところであります。

親神天理王の命は、大きくは、宇宙の動き、地球規模の温み、雨、風、地殻変動等の調節、小さくは、人間が誕生するまでの不思議な《命》の生育、遺伝子に従った人間の筋肉、骨、皮膚、体毛等々の創造に至るまで、更には、母の胎内から赤ちゃんとして生まれ、定められた年限を経て、《大人》となる成長過程、また、人間として、日常生活をする為の水分・塩分・つく息、はく息、体温調節、更にはバクテリア等に至るまで、調和・調整をしてくださる神であります。

＊《この世》と《いのち》創造の時、
神は、次の《いのち》子供・子孫は夫婦・雌雄・オシベとメシベの交配によって伝承されるという法則を造られた。

＊《この世》と《いのち》創造の時、
神は、生まれ出た全ての《いのち》に心を自由に使うことを許された。

生まれ出た《いのち》は、夫々自由な心を使って、神の恵みを頂き《いのち》あふれる《この世》が出来てきたのであります。

＊《この世》と《いのち》創造の時、
神は、お互いが、他と助け合うという原則を創られ、全ての《いのち》に組み込まれた。天と地、火と水、雄と雌、筋皮と骨格、動

物と植物、その他諸々。

＊《この世》と《いのち》創造の時、

神は、この世の生き物は、全て他の《いのち》を食することによって自らの《いのち》を明日に繋ぐということを許された。（これが究極の助け合いである）但し、他の《いのち》を食するには、ルールがある。それは米粒一つ、菜の葉一枚粗末にせぬように。おいしいおいしいと言って食べてほしい。（神の言葉）

さらに、神は、わが子である世界中の、すべての人間を幸せにしたいとの思いが深く、神が人間を創造した本当の目的と親としての思いを知らせて、人間が自由な心を使って、創造主の神を敬《うやま》い、人間お互いが、助け合うことによって、世界中の子供たち、人間が、一人も漏れることなく、苦難、災難・病難に遭うことなく、食べ物・着る物・住居に困ることなく、神の恵みを十分与えて、それを、みんなで分け合って、幸せに暮らせるよう、常に見守って下さり、その時代、その場所に応じて、世界中に神の使いを遣わし、又、いろいろなかたちで使者を遣わして、神の子としての人間に対する親の心を、たえず人々に伝え、教え導かれたのであった。これが、宗教・倫理・哲学等の始まりであります。

世界中にある、古代ギリシャの神々も、ユダヤ教のヤハウェの神、預言者モーゼに天使を遣わして、神の力を与えられた。さらに全能の神、イエス・キリストに天使を遣わして、彼に神の力を与えられた。天に座します神も、マホメットに天使を遣わして、彼に神の力を与えられたアッラーの神。インドのヒンドゥー教の神々も、又偉大なる釈迦が悟られたこの自然界の営み・動きを支配するお方。日本における八百万の神々、呪術師・巫女達が感じた神も、全ては、《この世界を創造した親なる神》であり、悟られた事柄は、親なる神の真の思い、働きと恵み、その一部分であった。

ユダヤ教のヤハウェ神（アラビア語・アッラー）、キリスト教の父なる神、イスラム教のアッラーの神は同一神。

イエスの受胎をマリヤに伝えたガブリエル、ムハンマッドに啓示を伝えたジブリールも同一天使。（『マンガでわかる《世界の宗教》』宝島社より）

更には、世界に名だたる聖人・君子、いろいろなジャンルの思想家・発明家・学者たち、小説家、世の中の手本となる人々が、何とか人々の救けになるよう、との願いを叶えられるように、その力を授けられ、与えられて、その後押しをされたのも、全ては、この親なる神の思いだったのでありましょう。

聖なるまことの母・中山みきは、親神天理王の命が、この世が始まって以来、初めて直接入り込まれたお方。将来このみちを歩み、天の恵みを全ての人が頂くことが出来る歩み方のひながた（手本）を残された。

そして、天理王の命のお言葉に従って、貧のどん底へ、ご家族共々落ち切られて、世間の人々に笑われ誹られつつ、不思議な救けを人々に、次々とお与え下さり、親神の、み教えを広められた。《世界中の、どんな境遇の人でも、親神の十分な恵みが頂ける証しとして》

＊聖地・ぢばをおしえた。

世界中のにんげんの生まれ故郷として。世界中のにんげんの病気・災難。苦難に遭わぬよう、その他どのような願いも叶えていただく場所として。

＊おつとめのぢうたを作り、手ふりを教えた。

親神にとってかわいいわが子・人間が、災難・病気に遭わぬよう、生活に困らぬように、天の下・いつでもどこでも豊作の恵みを頂く法として。又、どのような願いも叶えて頂く法として。

＊聖典おふでさきをかきのこした。

世界で唯一の、神・直々に書いた《聖典》として。

この世界を創造された、真実の神の思いと働き、そして、その目的を書き記し、この世が続く限り、御働き下さる神の証し・約束として。

◎世界で唯一の聖典・《おふでさき》

明治二年正月から明治十五年まで、十四年間にわたって自から筆を執って、啓示（神のお言葉）を書き残された。これを、おふでさき（ひらがなの和歌体・一七一一首で、書かれている）と言い、暗闇の中でも筆が動いたという。又、啓示が終わると筆もつ手が動かなくなったという。啓示者が神の啓示を書き残したという聖典は、世界中で、他に類を見ない唯一の聖なる書であります。

その聖なる書『おふでさき』のなかで

よろづよのせかいいちれつみはらせど
むねのわかりたものはないから

そのはづやといてきかしたことはない
なにもしらんがむりでないぞや

このたびはかみがおもてへあらわれて

なにかいさいをといてきかする

いままでもしんがくこうきあるけれど
もとをしりたるものはないぞや

そのはづやどろうみなかのみちすがら
しりたるものはないはづのこと

どろうみのなかよりしゅごうおしえかけ
それがだんだんさかんなるぞや

＊神は、この世界が始まって以来はじめて、このよの表へあらわれて創造主の親なる神しか知ることのできない、泥海の中で産まれた、小さな命から人間になるまでのことを、すべての人間に話して聞かせなければならないと言われた。

月日よりせかいじゅうをみわたせど
もとはじまりをしりたものなし

このもとをどうぞせかいへおしえたさ
そこで月日があらわれてでた

＊この天理王の命（みこと）という神は唯一の神・宇宙は一つ、太陽は一つ、月は一つ、地球は一つ、同様に、《この世》と《いのち》を創られた神は唯おひとりであります。

親神天理王の命は何のためにこの世の表に現れたのでしょうか。

神は、中山みきに入り込まれて直接世界中の人々に神の思いを話し、そのひながたを残され、ぢばを教え、おふでさきを書き残され、更に世界中のわが子・人間が、災難、病難、苦難に遭わぬようにとの《つとめ》を教えられた。

にんげんのわが子おもふもおなじ事

こわきあぶなきみちをあんじる

月日にはせかいじゅうはみなわがこ
たすけたいとのこゝろばかりで

だんだんとなにごとにもこのよふは
かみのからだやしあんしてみよ

にんげんはみな〳〵かみのかしものや
なんとおもふてつこているやら

世界中のにんげんは、全て真実の神・親神・天理王の命の子であります。神が許された自由な心を使い、神が、私たちに与えられた、本来の、助け合うということろを使い、常に、他の人々の幸せを願う心で通るならば、世界中に何十億人のにんげんが、くらして居ましても、平和で、親神が目的とする神人（しんじん）和楽の世界が明日からでも、実現することでありましょう。私たちは、親神が教えて下さったこのことを、しっかり信じ切らせて頂き、世界の人々にも伝えて、平和で、災難・病難、そして苦難の無い世界が一日も早く実現するように、ヤハヴェの神として、父なる神として、アッラーの神としての親神・天理王の命の御働きをいつでも、どこでも頂けますように祈りつつ生活させて頂きましょう。

ありがたい、もったいないの心もて
よろずたがいに、たすけあう人生《みち》

ようこそ奈良《なら》へ
この世《よ》のすべてのいのちの源《みなもと》を訪《たず》ねて

発行日　2022年11月13日　第1刷発行

著者　鈴木　紘一（すずき・こういち）

発行者　田辺修三
発行所　東洋出版株式会社
〒112-0014　東京都文京区関口1-23-6
電話　03-5261-1004（代）　振替　00110-2-175030
http://www.toyo-shuppan.com/

印刷・製本　日本ハイコム株式会社

ISBN 978-4-8096-8669-6　定価はカバーに表示してあります

ISO14001 取得工場で印刷しました